中华人民共和国矿产资源法
中华人民共和国能源法

大字本

中国法治出版社

目 录

中华人民共和国矿产资源法 …………………… (1)

中华人民共和国能源法…………………………… (37)

中华人民共和国矿产资源法

（1986年3月19日第六届全国人民代表大会常务委员会第十五次会议通过　根据1996年8月29日第八届全国人民代表大会常务委员会第二十一次会议《关于修改〈中华人民共和国矿产资源法〉的决定》第一次修正　根据2009年8月27日第十一届全国人民代表大会常务委员会第十次会议《关于修改部分法律的决定》第二次修正　2024年11月8日第十四届全国人民代表大会常务委员会第十二次会议修订　2024年11月8日中华人民共和国主席令第36号公布　自2025年7月1日起施行）

目 录

第一章　总　　则

第二章　矿　业　权

第三章　矿产资源勘查、开采

第四章　矿区生态修复

第五章　矿产资源储备和应急

第六章　监督管理

第七章　法律责任

第八章　附　　则

第一章　总　　则

第一条　为了促进矿产资源合理开发利用，加强矿产资源和生态环境保护，维护矿产资源国家所有者权益和矿业权人合法权益，推动矿业高质量发展，保障国家矿产资源安全，适应全面建设社会主义现代化国家的需要，根据宪法，制定本法。

第二条　在中华人民共和国领域及管辖的其他海域勘查、开采矿产资源，开展矿区生态修复等活动，适用本法。

本法所称矿产资源，是指由地质作用形成、具有利用价值的，呈固态、液态、气态等形态的自然资源。矿产资源目录由国务院确定并调整。

第三条　矿产资源开发利用和保护工作应当坚持中国共产党的领导，贯彻总体国家安全观，统筹发展和安全，统筹国内国际，坚持开发利用与保护并重，遵循保障安全、节约集约、科技支撑、绿色发展的原则。

第四条　矿产资源属于国家所有，由国务院代表国家行使矿产资源的所有权。地表或者地下的矿产资源的国家所有权，不因其所依附的土地的所有权或者使用权的不同而改变。

各级人民政府应当加强矿产资源保护工作。禁止任何单位和个人以任何手段侵占或者破坏矿产资源。

第五条　勘查、开采矿产资源应当依法分别取得探矿权、采矿权，本法另有规定的除外。

国家保护依法取得的探矿权、采矿权不受侵犯，维护矿产资源勘查、开采区域的生产秩序、工作秩序。

第六条　勘查、开采矿产资源应当按照国家有关规定缴纳费用。国务院可以根据不同情况规定减收或者免收有关费用。

开采矿产资源应当依法缴纳资源税。

第七条　国家建立健全地质调查制度，加强基础性地质调查工作，为矿产资源勘查、开采和保护等提供基础地质资料。

第八条　国家完善政策措施，加大对战略性矿产资源勘查、开采、贸易、储备等的支持力度，推动战略性矿产资源增加储量和提高产能，推进战略性矿产资源产业优化升级，提升矿产资源安全保障水平。

战略性矿产资源目录由国务院确定并调整。

对国务院确定的特定战略性矿产资源，按照国家有关规定实行保护性开采。

第九条 国家对矿产资源勘查、开采实行统一规划、合理布局、综合勘查、合理开采和综合利用的方针。

国务院自然资源主管部门会同国务院发展改革、应急管理、生态环境、工业和信息化、水行政、能源、矿山安全监察等有关部门，依据国家发展规划、全国国土空间规划、地质调查成果等，编制全国矿产资源规划，报国务院或者其授权的部门批准后实施。

省级人民政府自然资源主管部门会同有关部门编制本行政区域矿产资源规划，经本级人民政府同意后，报国务院自然资源主管部门批准后实施。

设区的市级、县级人民政府自然资源主管部门会同有关部门根据本行政区域内矿产资源状况和实际需要，编制本行政区域矿产资源规划，经本级人民政府同意后，报上一级人民政府自然资源主管部门批准后实施。

第十条 国家加强战略性矿产资源储备体系和矿产资源应急体系建设，提升矿产资源应急保供能力和水平。

第十一条 国家鼓励、支持矿产资源勘查、开采、保护和矿区生态修复等领域的科技创新、科技成果应用推广，推动数字化、智能化、绿色化建设，提高矿产资源相关领域的科学技术水平。

第十二条 对在矿产资源勘查、开采、保护和矿区生态修复工作中做出突出贡献以及在矿产资源相关领域科技创新等方面取得显著成绩的单位和个人，按照国家有关规定给予表彰、奖励。

第十三条 国家在民族自治地方开采矿产资源，应当照顾民族自治地方的利益，作出有利于民族自治地方经济建设的安排，照顾当地群众的生产和生活。

民族自治地方的自治机关根据法律规定和国家的统一规划，对可以由本地方开发的矿产资源，优先合理开发利用。

第十四条　国务院自然资源主管部门会同有关部门负责全国矿产资源勘查、开采和矿区生态修复等活动的监督管理工作。

县级以上地方人民政府自然资源主管部门会同有关部门负责本行政区域内矿产资源勘查、开采和矿区生态修复等活动的监督管理工作。

国务院授权的机构对省、自治区、直辖市人民政府矿产资源开发利用和监督管理情况进行督察。

第十五条　国家坚持平等互利、合作共赢的方针，积极促进矿产资源领域国际合作。

第二章　矿　业　权

第十六条　国家实行探矿权、采矿权有偿取得的制度。

探矿权、采矿权统称矿业权。

第十七条　矿业权应当通过招标、拍卖、挂牌等竞争性方式出让，法律、行政法规或者国务院规定可以通过协议出让或者其他方式设立的除外。

矿业权出让权限划分由国务院规定。县级以上人民政府自然资源主管部门按照规定权限组织矿业权出让。

矿业权出让应当按照国家规定纳入统一的公共资源交易平台体系。

第十八条 县级以上人民政府自然资源主管部门应当加强对矿业权出让工作的统筹安排，优化矿业权出让工作流程，提高工作效率，保障矿业权出让工作与加强矿产资源勘查、开采的实际需要相适应。矿业权出让应当考虑不同矿产资源特点、矿山最低开采规模、生态环境保护和安全要求等因素。

国家鼓励单位和个人向县级以上人民政府自然资源主管部门提供可供出让的探矿权区块来源；对符合出让条件的，有关人民政府自然资源主管部门应当及时安排出让。

国务院自然资源主管部门应当加强对矿业权出

让工作的指导和监督。

法律、行政法规规定在一定区域范围内禁止或者限制开采矿产资源的，应当遵守相关规定。

第十九条 通过竞争性方式出让矿业权的，出让矿业权的自然资源主管部门（以下称矿业权出让部门）应当提前公告拟出让矿业权的基本情况、竞争规则、受让人的技术能力等条件及其权利义务等事项，不得以不合理的条件对市场主体实行差别待遇或者歧视待遇。

第二十条 出让矿业权的，矿业权出让部门应当与依法确定的受让人以书面形式签订矿业权出让合同。

矿业权出让合同应当明确勘查或者开采的矿种、区域，勘查、开采、矿区生态修复和安全要求，矿业权出让收益数额与缴纳方式、矿业权的期限等事项；涉及特定战略性矿产资源的，还应当明确保护性开采的有关要求。矿业权出让合同示范文本由国务院自然资源主管部门制定。

第二十一条 矿业权出让合同约定的矿业权出让收益数额与缴纳方式等，应当符合国家有关矿业权出让收益征收的规定。

矿业权出让收益征收办法由国务院财政部门会同国务院自然资源主管部门、国务院税务主管部门制定，报国务院批准后执行。制定矿业权出让收益征收办法，应当根据不同矿产资源特点，遵循有利于维护国家权益、调动矿产资源勘查积极性、促进矿业可持续发展的原则，并广泛听取各有关方面的意见和建议。

第二十二条 设立矿业权的，应当向矿业权出让部门申请矿业权登记。符合登记条件的，矿业权出让部门应当将相关事项记载于矿业权登记簿，并向矿业权人发放矿业权证书。

矿业权变更、转让、抵押和消灭的，应当依法办理登记。

矿业权的设立、变更、转让、抵押和消灭，经依法登记，发生效力；未经登记，不发生效力，法律另有规定的除外。

矿业权登记的具体办法由国务院自然资源主管部门制定。

第二十三条　探矿权人在登记的勘查区域内，享有勘查有关矿产资源并依法取得采矿权的权利。

采矿权人在登记的开采区域内，享有开采有关矿产资源并获得采出的矿产品的权利。

矿业权人有权依法优先取得登记的勘查、开采区域内新发现的其他矿产资源的矿业权，具体办法由国务院自然资源主管部门制定。

在已经登记的勘查、开采区域内，不得设立其他矿业权，国务院和国务院自然资源主管部门规定可以按照不同矿种分别设立矿业权的除外。

第二十四条　探矿权的期限为五年。探矿权期限届满，可以续期，续期最多不超过三次，每次期限为五年；续期时应当按照规定核减勘查区域面积。法律、行政法规另有规定的除外。

探矿权人应当按照探矿权出让合同的约定及时

开展勘查工作，并每年向原矿业权出让部门报告有关情况；无正当理由未开展或者未实质性开展勘查工作的，探矿权期限届满时不予续期。

采矿权的期限结合矿产资源储量和矿山建设规模确定，最长不超过三十年。采矿权期限届满，登记的开采区域内仍有可供开采的矿产资源的，可以续期；法律、行政法规另有规定的除外。

期限届满未申请续期或者依法不予续期的，矿业权消灭。

第二十五条 探矿权人探明可供开采的矿产资源后可以在探矿权期限内申请将其探矿权转为采矿权；法律、行政法规另有规定的除外。原矿业权出让部门应当与该探矿权人签订采矿权出让合同，设立采矿权。

为了公共利益的需要，或者因不可抗力或者其他特殊情形，探矿权暂时不能转为采矿权的，探矿权人可以申请办理探矿权保留，原矿业权出让部门应当为其办理。探矿权保留期间，探矿权期限中止计算。

第二十六条　矿业权期限届满前，为了公共利益的需要，原矿业权出让部门可以依法收回矿业权；矿业权被收回的，应当依法给予公平、合理的补偿。

自然保护地范围内，可以依法进行符合管控要求的勘查、开采活动，已设立的矿业权不符合管控要求的，应当依法有序退出。

第二十七条　矿业权可以依法转让或者出资、抵押等，国家另有规定或者矿业权出让合同另有约定的除外。

矿业权转让的，矿业权出让合同和矿业权登记簿所载明的权利、义务随之转移，国家另有规定或者矿业权出让、转让合同另有约定的除外。

矿业权转让的具体管理办法由国务院制定。

第二十八条　有下列情形之一的，无需取得探矿权：

（一）国家出资勘查矿产资源；

（二）采矿权人在登记的开采区域内为开采活动需要进行勘查；

（三）国务院和国务院自然资源主管部门规定的其他情形。

第二十九条 有下列情形之一的，无需取得采矿权：

（一）个人为生活自用采挖只能用作普通建筑材料的砂、石、黏土；

（二）建设项目施工单位在批准的作业区域和建设工期内，因施工需要采挖只能用作普通建筑材料的砂、石、黏土；

（三）国务院和国务院自然资源主管部门规定的其他情形。

有前款第一项、第二项规定情形的，应当遵守省、自治区、直辖市规定的监督管理要求。

第三章 矿产资源勘查、开采

第三十条 县级以上人民政府自然资源主管部门会同有关部门组织开展基础性地质调查；省级以

上人民政府自然资源主管部门会同有关部门组织开展战略性矿产资源、重点成矿区远景调查和潜力评价。

第三十一条　开展地质调查和矿产资源勘查、开采活动，应当按照国家有关规定及时汇交原始地质资料、实物地质资料和成果地质资料。

汇交的地质资料应当依法保管、利用和保护。

第三十二条　编制国土空间规划应当合理规划建设项目的空间布局，避免、减少压覆矿产资源。

建设项目论证时，建设单位应当查询占地范围内矿产资源分布和矿业权设置情况。省级以上人民政府自然资源主管部门应当为建设单位提供查询服务。

建设项目确需压覆已经设置矿业权的矿产资源，对矿业权行使造成直接影响的，建设单位应当在压覆前与矿业权人协商，并依法给予公平、合理的补偿。

战略性矿产资源原则上不得压覆；确需压覆的，应当经国务院自然资源主管部门或者其授权的省、自治区、直辖市人民政府自然资源主管部门批准。

第三十三条　矿业权人依照本法有关规定取得矿业权后，进行矿产资源勘查、开采作业前，应当按照矿业权出让合同以及相关标准、技术规范等，分别编制勘查方案、开采方案，报原矿业权出让部门批准，取得勘查许可证、采矿许可证；未取得许可证的，不得进行勘查、开采作业。

矿业权人应当按照经批准的勘查方案、开采方案进行勘查、开采作业；勘查方案、开采方案需要作重大调整的，应当按照规定报原矿业权出让部门批准。

第三十四条　国家完善与矿产资源勘查、开采相适应的矿业用地制度。编制国土空间规划应当考虑矿产资源勘查、开采用地实际需求。勘查、开采矿产资源应当节约集约使用土地。

县级以上人民政府自然资源主管部门应当保障矿业权人依法通过出让、租赁、作价出资等方式使用土地。开采战略性矿产资源确需使用农民集体所有土地的，可以依法实施征收。

勘查矿产资源可以依照土地管理法律、行政法规的规定临时使用土地。露天开采战略性矿产资源占用土地，经科学论证，具备边开采、边复垦条件的，报省级以上人民政府自然资源主管部门批准后，可以临时使用土地；临时使用农用地的，还应当按照国家有关规定及时恢复种植条件、耕地质量或者恢复植被、生产条件，确保原地类数量不减少、质量不下降、农民利益有保障。

勘查、开采矿产资源用地的范围和使用期限应当根据需要确定，使用期限最长不超过矿业权期限。

第三十五条 矿业权所在地的县级人民政府自然资源主管部门应当公告矿业权人勘查、开采区域范围。矿业权人在勘查、开采区域内勘查、开采矿产资源，可以依法在相邻区域通行，架设供电、供水、通讯等相关设施。

任何单位和个人不得实施下列行为：

（一）进入他人的勘查、开采区域勘查、开采矿产资源；

（二）扰乱勘查、开采区域的生产秩序、工作秩序；

（三）侵占、哄抢矿业权人依法开采的矿产品；

（四）其他干扰、破坏矿产资源勘查、开采活动正常进行的行为。

第三十六条　石油、天然气等矿产资源勘查过程中发现可供开采的石油、天然气等矿产资源的，探矿权人依法履行相关程序后，可以进行开采，但应当在国务院自然资源主管部门规定的期限内依法取得采矿权和采矿许可证。

第三十七条　国家鼓励、支持矿业绿色低碳转型发展，加强绿色矿山建设。

勘查、开采矿产资源，应当采用先进适用、符合生态环境保护和安全生产要求的工艺、设备、技术，不得使用国家明令淘汰的工艺、设备、技术。

开采矿产资源应当采取有效措施，避免、减少对矿区森林、草原、耕地、湿地、河湖、海洋等生态系统的破坏，并加强对尾矿库建设、运行、闭库等活动的管理,防范生态环境和安全风险。

第三十八条 勘查活动结束后,探矿权人应当及时对勘查区域进行清理,清除可能危害公共安全的设施、设备等,对废弃的探坑、探井等实施回填、封堵;破坏地表植被的,应当及时恢复。

勘查活动临时占用耕地的,应当及时恢复种植条件和耕地质量;临时占用林地、草地的,应当及时恢复植被和生产条件。

第三十九条 开采矿产资源,应当采取合理的开采顺序、开采方法,并采取有效措施确保矿产资源开采回采率、选矿回收率和综合利用率达到有关国家标准的要求。

开采矿产资源,应当采取有效措施保护地下水资源,并优先使用矿井水。

采矿权人在开采主要矿种的同时,对具有工业价值的共生和伴生矿产应当综合开采、综合利用,防止浪费;对暂时不能综合开采或者必须同时采出但暂时不能综合利用的矿产以及含有有用组分的尾矿，应当采取有效的保护措施，防止损失破坏。

国家制定和完善提高矿产资源开采回采率、选矿回收率、综合利用率的激励性政策措施。

第四十条 国家建立矿产资源储量管理制度，具体办法由国务院制定。

矿业权人查明可供开采的矿产资源或者发现矿产资源储量发生重大变化的，应当按照规定编制矿产资源储量报告并报送县级以上人民政府自然资源主管部门。矿业权人应当对矿产资源储量报告的真实性负责。

第四十一条 采矿权人应当按照国家有关规定将闭坑地质报告报送县级以上地方人民政府自然资源主管部门。

采矿权人应当在矿山闭坑前或者闭坑后的合理期限内采取安全措施、防治环境污染和生态破坏。

县级以上地方人民政府应当组织有关部门加强闭坑的监督管理。

第四十二条 勘查、开采矿产资源，应当遵守有关生态环境保护、安全生产、职业病防治等法律、法规的规定，防止污染环境、破坏生态，预防和减少生产安全事故，预防发生职业病。

第四十三条　勘查、开采矿产资源时发现重要地质遗迹、古生物化石和文物的，应当加以保护并及时报告有关部门。

第四章　矿区生态修复

第四十四条　矿区生态修复应当坚持自然恢复与人工修复相结合，遵循因地制宜、科学规划、系统治理、合理利用的原则，采取工程、技术、生物等措施，做好地质环境恢复治理、地貌重塑、植被恢复、土地复垦等。涉及矿区污染治理的，应当遵守相关法律法规和技术标准等要求。

国务院自然资源主管部门会同国务院生态环境主管部门等有关部门制定矿区生态修复技术规范。

国务院生态环境主管部门指导、协调和监督矿区生态修复工作。

县级以上地方人民政府应当加强对矿区生态修复工作的统筹和监督，保障矿区生态修复与污染防治、水土保持、植被恢复等协同实施，提升矿区生态环境保护和恢复效果。

第四十五条 因开采矿产资源导致矿区生态破坏的，采矿权人应当依法履行生态修复义务。采矿权人的生态修复义务不因采矿权消灭而免除。

采矿权转让的，由受让人履行矿区生态修复义务，国家另有规定或者矿业权出让、转让合同另有约定的除外。

历史遗留的废弃矿区，矿区生态修复责任人灭失或者无法确认的，由所在地县级以上地方人民政府组织开展矿区生态修复。

国家鼓励社会资本参与矿区生态修复。

第四十六条 开采矿产资源前，采矿权人应当依照法律、法规和国务院自然资源主管部门的规定以及矿业权出让合同编制矿区生态修复方案，随开采方案报原矿业权出让部门批准。矿区生态修复方案应当包括尾矿库生态修复的专门措施。

编制矿区生态修复方案,应当在矿区涉及的有关范围内公示征求意见,并专门听取矿区涉及的居民委员会、村民委员会、农村集体经济组织和居民代表、村民代表的意见。

第四十七条 采矿权人应当按照经批准的矿区生态修复方案进行矿区生态修复。能够边开采、边修复的,应当边开采、边修复;能够分区、分期修复的,应当分区、分期修复;不能边开采、边修复或者分区、分期修复的,应当在矿山闭坑前或者闭坑后的合理期限内及时修复。

第四十八条 矿区生态修复由县级以上地方人民政府自然资源主管部门会同生态环境主管部门等有关部门组织验收。验收应当邀请有关专家以及矿区涉及的居民委员会、村民委员会、农村集体经济组织和居民代表、村民代表参加,验收结果应当向社会公布。

矿区生态修复分区、分期进行的，应当分区、分期验收。

第四十九条 采矿权人应当按照规定提取矿区生态修复费用，专门用于矿区生态修复。矿区生态修复费用计入成本。

县级以上人民政府自然资源主管部门应当会同财政等有关部门对矿区生态修复费用的提取、使用情况进行监督检查。

矿区生态修复费用提取、使用和监督管理的具体办法由国务院财政部门会同国务院自然资源主管部门制定。

第五章　矿产资源储备和应急

第五十条　国家构建产品储备、产能储备和产地储备相结合的战略性矿产资源储备体系，科学合理确定储备结构、规模和布局并动态调整。

第五十一条　国务院发展改革、财政、物资储备、能源等有关部门和省、自治区、直辖市人民政府应当按照国家有关规定加强战略性矿产资源储备设施建设，组织实施矿产品储备，建立灵活高效的收储、轮换、动用机制。

第五十二条　开采战略性矿产资源的采矿权人应当按照国家有关规定，落实产能储备责任，合理规划生产能力，确保应急增产需要。

第五十三条　国务院自然资源主管部门会同有关部门，根据保障国家矿产资源安全需要，结合资源储量、分布情况及其稀缺和重要程度等因素，划定战略性矿产资源储备地。

战略性矿产资源储备地管理办法由国务院自然资源主管部门会同有关部门制定。

第五十四条　国家建立和完善矿产资源供应安全预测预警体系，提高预测预警能力和水平，及时对矿产品供求变化、价格波动以及安全风险状况等进行预测预警。

第五十五条　出现矿产品供需严重失衡、经济社会发展和人民生活受到重大影响等矿产资源应急状态的,省级以上人民政府应当按照职责权限及时启动应急响应,可以依法采取下列应急处置措施:

(一)发布矿产品供求等相关信息;

(二)紧急调度矿产资源开采以及矿产品运输、供应;

(三)在战略性矿产资源储备地等区域组织实施矿产资源应急性开采;

(四)动用矿产品储备;

(五)实施价格干预措施、紧急措施;

(六)其他必要措施。

出现矿产资源应急状态时,有关单位和个人应当服从统一指挥和安排,承担相应的应急义务,配合采取应急处置措施,协助维护市场秩序。

因执行应急处置措施给有关单位、个人造成损失的,应当按照有关规定给予补偿。

矿产资源应急状态消除后,省级以上人民政府应当按照职责权限及时终止实施应急处置措施。

第六章 监督管理

第五十六条 县级以上人民政府自然资源主管部门和其他有关部门应当按照职责分工，加强对矿产资源勘查、开采和矿区生态修复等活动的监督检查，依法及时查处违法行为。

上级人民政府自然资源主管部门和其他有关部门应当加强对下级人民政府自然资源主管部门和其他有关部门执法活动的监督。

第五十七条 县级以上人民政府自然资源主管部门和其他有关部门实施监督检查，可以采取下列措施：

（一）进入勘查、开采区域等实施现场查验、勘测；

（二）询问与检查事项有关的人员，要求其对有关事项作出说明；

（三）查阅、复制与检查事项有关的文件、资料；

（四）查封、扣押直接用于违法勘查、开采的工具、设备、设施、场所以及违法采出的矿产品；

（五）法律、法规规定的其他措施。

自然资源主管部门和其他有关部门依法实施监督检查，被检查单位及其有关人员应当予以配合，不得拒绝、阻碍。

自然资源主管部门和其他有关部门及其工作人员对监督检查过程中知悉的国家秘密、商业秘密、个人隐私和个人信息依法负有保密义务。

第五十八条　国家建立矿产资源开发利用水平调查评估制度。

国务院自然资源主管部门建立矿产资源开发利用水平评估指标体系。县级以上人民政府自然资源主管部门应当加强对矿产资源勘查、开采情况的汇总、分析，并定期进行评估，提出节约集约开发利用矿产资源等方面的改进措施。

第五十九条　国务院自然资源主管部门建立全国矿业权分布底图和动态数据库。

国务院自然资源主管部门组织建立全国矿产资

源监督管理信息系统，提升监管和服务效能，依法及时公开监管和服务信息，并做好信息共享工作。

第六十条　县级以上人民政府自然资源主管部门应当按照国家有关规定，将矿业权人和从事矿区生态修复等活动的其他单位和个人的信用信息记入信用记录。

第六十一条　任何单位和个人对违反矿产资源法律、法规的行为，有权向县级以上人民政府自然资源主管部门和其他有关部门举报，接到举报的部门应当及时依法处理。

第七章　法　律　责　任

第六十二条　县级以上人民政府自然资源主管部门和其他有关部门的工作人员在矿产资源勘查、开采和矿区生态修复等活动的监督管理工作中滥用职权、玩忽职守、徇私舞弊的，依法给予处分。

第六十三条　违反本法规定，未取得探矿权勘查矿产资源的，由县级以上人民政府自然资源主管部门责令停止违法行为，没收违法所得以及直接用于违法勘查的工具、设备，并处十万元以上一百万元以下罚款；拒不停止违法行为的，可以责令停业整顿。

超出探矿权登记的勘查区域勘查矿产资源的，依照前款规定处罚；拒不停止违法行为，情节严重的，原矿业权出让部门可以吊销其勘查许可证。

第六十四条 违反本法规定，未取得采矿权开采矿产资源的，由县级以上人民政府自然资源主管部门责令停止违法行为，没收直接用于违法开采的工具、设备以及违法采出的矿产品，并处违法采出的矿产品市场价值三倍以上五倍以下罚款；没有采出矿产品或者违法采出的矿产品市场价值不足十万元的，并处十万元以上一百万元以下罚款；拒不停止违法行为的，可以责令停业整顿。

超出采矿权登记的开采区域开采矿产资源的，依照前款规定处罚；拒不停止违法行为，情节严重的，原矿业权出让部门可以吊销其采矿许可证。

违反本法规定，从事石油、天然气等矿产资源勘查活动，未在国务院自然资源主管部门规定的期限内依法取得采矿权进行开采的，依照本条第一款规定处罚。

第六十五条 违反本法规定，建设项目未经批准压覆战略性矿产资源的，由县级以上人民政府自然资源主管部门责令改正，处十万元以上一百万元以下罚款。

第六十六条 违反本法规定，探矿权人未取得勘查许可证进行矿产资源勘查作业的，由县级以上人民政府自然资源主管部门责令改正；拒不改正的，没收违法所得以及直接用于违法勘查的工具、设备，处十万元以上五十万元以下罚款，并可以责令停业整顿。

第六十七条 违反本法规定，采矿权人未取得采矿许可证进行矿产资源开采作业的，由县级以上人民政府自然资源主管部门责令改正；拒不改正的，没收直接用于违法开采的工具、设备以及违法采出的矿产品，处违法采出的矿产品市场价值一倍以上三倍以下罚款，没有采出矿产品或者违法采出的矿产品市场价值不足十万元的，处十万元以上五十万元以下罚款，并可以责令停业整顿。

违反本法规定，从事石油、天然气等矿产资源勘查活动，未在国务院自然资源主管部门规定的期限内依法取得采矿许可证进行开采的，依照前款规定处罚。

第六十八条 违反本法规定，有下列情形之一，造成矿产资源破坏的，由县级以上人民政府自然资源主管部门责令改正，处十万元以上五十万元以下罚款；拒不改正的，可以责令停业整顿；情节严重的，原矿业权出让部门可以吊销其勘查许可证、采矿许可证：

（一）未按照经批准的勘查方案、开采方案进行矿产资源勘查、开采作业；

（二）采取不合理的开采顺序、开采方法开采矿产资源；

（三）矿产资源开采回采率、选矿回收率和综合利用率未达到有关国家标准的要求。

违反本法规定，未按照保护性开采要求开采特定战略性矿产资源的，依照前款规定处罚；法律、行政法规另有规定的，依照其规定。

第六十九条 违反本法规定，勘查活动结束后探矿权人未及时对勘查区域进行清理或者未及时恢复受到破坏的地表植被的，由县级以上人民政府自然资源主管部门责令改正，可以处五万元以下罚款；拒不改正的，处五万元以上十万元以下罚款，由县级以上人民政府自然资源主管部门确定有关单位代为清理、恢复，所需费用由探矿权人承担。

第七十条 未按照规定汇交地质资料，或者矿业权人未按照规定编制并报送矿产资源储量报告的，由县级以上人民政府自然资源主管部门责令改正，处二万元以上十万元以下罚款；情节严重的，处十万元以上五十万元以下罚款。

矿业权人故意报送虚假的矿产资源储量报告的，由县级以上人民政府自然资源主管部门没收违法所得，并处二十万元以上一百万元以下罚款；情节严重的，由原矿业权出让部门收回矿业权。

第七十一条 违反本法规定，采矿权人不履行矿区生态修复义务或者未按照经批准的矿区生态修复方案进行矿区生态修复的，由县级以上人民政府自然资源主管部门责令改正，可以处矿区生态修复所需费用二倍以下罚款；拒不改正的，处矿区生态修复所需费用二倍以上五倍以下罚款，由县级以上人民政府自然资源主管部门确定有关单位代为修复，所需费用由采矿权人承担。

第七十二条 出现矿产资源应急状态时，有关单位和个人违反本法规定，不服从统一指挥和安排、不承担相应的应急义务或者不配合采取应急处置措施的，由省级以上人民政府自然资源主管部门或者其他有关部门责令改正，给予警告或者通报批评；拒不改正的，对单位处十万元以上五十万元以下罚款,根据情节轻重,可以责令停业整顿或者依法吊销相关许可证件,对个人处一万元以上五万元以下罚款。

第七十三条 违反本法规定,矿业权人拒绝、阻碍监督检查,或者在接受监督检查时弄虚作假的,由县级以上人民政府自然资源主管部门或者其他有关部门责令改正;拒不改正的,处二万元以上十万元以下罚款。

第七十四条 违反本法规定,破坏矿产资源或者污染环境、破坏生态,损害国家利益、社会公共利益的,人民检察院、法律规定的机关和有关组织可以依法向人民法院提起诉讼。

第七十五条 违反本法规定,造成他人人身财产损害或者生态环境损害的,依法承担民事责任;构成违反治安管理行为的,依法给予治安管理处罚;构成犯罪的,依法追究刑事责任。

第七十六条 勘查、开采矿产资源、开展矿区生态修复,违反有关生态环境保护、安全生产、职业病防治、土地管理、林业草原、文物保护等法律、行政法规的,依照有关法律、行政法规的规定处理、处罚。

第八章 附 则

第七十七条 外商投资勘查、开采矿产资源,法律、行政法规另有规定的,依照其规定。

第七十八条 中华人民共和国境外的组织和个人,实施危害中华人民共和国国家矿产资源安全行为的,依法追究其法律责任。

第七十九条 中华人民共和国缔结或者参加的国际条约与本法有不同规定的,适用国际条约的规定;但是,中华人民共和国声明保留的条款除外。

第八十条 本法自2025年7月1日起施行。

中华人民共和国能源法

（2024年11月8日第十四届全国人民代表大会常务委员会第十二次会议通过 2024年11月8日中华人民共和国主席令第37号公布 自2025年1月1日起施行）

目　　录

第一章　总　　则

第二章　能源规划

第三章　能源开发利用

第四章　能源市场体系

第五章　能源储备和应急

第六章　能源科技创新

第七章　监督管理

第八章　法律责任

第九章　附　　则

第一章　总　　则

第一条　为了推动能源高质量发展，保障国家能源安全，促进经济社会绿色低碳转型和可持续发展，积极稳妥推进碳达峰碳中和，适应全面建设社会主义现代化国家需要，根据宪法，制定本法。

第二条　本法所称能源，是指直接或者通过加工、转换而取得有用能的各种资源，包括煤炭、石油、天然气、核能、水能、风能、太阳能、生物质能、地热能、海洋能以及电力、热力、氢能等。

第三条　能源工作应当坚持中国共产党的领导，贯彻新发展理念和总体国家安全观，统筹发展和安全，实施推动能源消费革命、能源供给革命、能源技术革命、能源体制革命和全方位加强国际合作的能源安全新战略，坚持立足国内、多元保障、节约优先、绿色发展，加快构建清洁低碳、安全高效的新型能源体系。

第四条 国家坚持多措并举、精准施策、科学管理、社会共治的原则，完善节约能源政策，加强节约能源管理，综合采取经济、技术、宣传教育等措施，促进经济社会发展全过程和各领域全面降低能源消耗，防止能源浪费。

第五条 国家完善能源开发利用政策，优化能源供应结构和消费结构，积极推动能源清洁低碳发展，提高能源利用效率。

国家建立能源消耗总量和强度双控向碳排放总量和强度双控全面转型新机制，加快构建碳排放总量和强度双控制度体系。

第六条 国家加快建立主体多元、统一开放、竞争有序、监管有效的能源市场体系，依法规范能源市场秩序，平等保护能源市场各类主体的合法权益。

第七条 国家完善能源产供储销体系，健全能源储备制度和能源应急机制，提升能源供给能力，保障能源安全、稳定、可靠、有效供给。

第八条　国家建立健全能源标准体系，保障能源安全和绿色低碳转型，促进能源新技术、新产业、新业态发展。

第九条　国家加强能源科技创新能力建设，支持能源开发利用的科技研究、应用示范和产业化发展，为能源高质量发展提供科技支撑。

第十条　国家坚持平等互利、合作共赢的方针，积极促进能源国际合作。

第十一条　县级以上人民政府应当加强对能源工作的组织领导和统筹协调，及时研究解决能源工作中的重大问题。

县级以上人民政府应当将能源工作纳入国民经济和社会发展规划、年度计划。

第十二条　国务院能源主管部门负责全国能源工作。国务院其他有关部门在各自职责范围内负责相关的能源工作。

县级以上地方人民政府能源主管部门负责本行政区域能源工作。县级以上地方人民政府其他有关部门在各自职责范围内负责本行政区域相关的能源工作。

第十三条　县级以上人民政府及其有关部门应当采取多种形式，加强对节约能源、能源安全和能源绿色低碳发展的宣传教育，增强全社会的节约能源意识、能源安全意识，促进形成绿色低碳的生产生活方式。

新闻媒体应当开展节约能源、能源安全和能源绿色低碳发展公益宣传。

第十四条　对在能源工作中做出突出贡献的单位和个人，按照国家有关规定给予表彰、奖励。

第二章　能源规划

第十五条　国家制定和完善能源规划，发挥能源规划对能源发展的引领、指导和规范作用。

能源规划包括全国综合能源规划、全国分领域能源规划、区域能源规划和省、自治区、直辖市能源规划等。

第十六条　全国综合能源规划由国务院能源主管部门会同国务院有关部门组织编制。全国综合能源规划应当依据国民经济和社会发展规划编制，并与国土空间规划等相关规划衔接。

全国分领域能源规划由国务院能源主管部门会同国务院有关部门依据全国综合能源规划组织编制。

国务院能源主管部门会同国务院有关部门和有关省、自治区、直辖市人民政府，根据区域经济社会发展需要和能源资源禀赋情况、能源生产消费特点、生态环境保护要求等，可以编制跨省、自治区、直辖市的区域能源规划。区域能源规划应当符合全国综合能源规划，并与相关全国分领域能源规划衔接。

第十七条　省、自治区、直辖市人民政府能源主管部门会同有关部门，依据全国综合能源规划、相关全国分领域能源规划、相关区域能源规划，组织编制本省、自治区、直辖市的能源规划。

设区的市级人民政府、县级人民政府需要编制能源规划的，按照省、自治区、直辖市人民政府的有关规定执行。

第十八条　编制能源规划，应当遵循能源发展规律，坚持统筹兼顾，强化科学论证。组织编制能源规划的部门应当征求有关部门、相关企业和行业组织以及有关专家等方面的意见。

能源规划应当明确规划期内能源发展的目标、主要任务、区域布局、重点项目、保障措施等内容。

第十九条　能源规划按照规定的权限和程序报经批准后实施。

经批准的能源规划应当按照规定予以公布。

第二十条　组织编制能源规划的部门应当就能源规划实施情况组织开展评估。根据评估结果确需对能源规划进行调整的，应当报经原批准机关同意，国家另有规定的除外。

第三章　能源开发利用

第二十一条　国家根据能源资源禀赋情况和经济社会可持续发展的需要，统筹保障能源安全、优化能源结构、促进能源转型和节约能源、保护生态环境等因素，分类制定和完善能源开发利用政策。

第二十二条　国家支持优先开发利用可再生能源，合理开发和清洁高效利用化石能源，推进非化石能源安全可靠有序替代化石能源，提高非化石能源消费比重。

国务院能源主管部门会同国务院有关部门制定非化石能源开发利用中长期发展目标，按年度监测非化石能源开发利用情况，并向社会公布。

第二十三条　国务院能源主管部门会同国务院有关部门制定并组织实施可再生能源在能源消费中的最低比重目标。

国家完善可再生能源电力消纳保障机制。供电企业、售电企业、相关电力用户和使用自备电厂供电的企业等应当按照国家有关规定，承担消纳可再生能源发电量的责任。

国务院能源主管部门会同国务院有关部门对可再生能源在能源消费中的最低比重目标以及可再生能源电力消纳责任的实施情况进行监测、考核。

第二十四条　国家统筹水电开发和生态保护，严格控制开发建设小型水电站。

开发建设和更新改造水电站，应当符合流域相关规划，统筹兼顾防洪、生态、供水、灌溉、航运等方面的需要。

第二十五条　国家推进风能、太阳能开发利用，坚持集中式与分布式并举，加快风电和光伏发电基地建设，支持分布式风电和光伏发电就近开发利用，合理有序开发海上风电，积极发展光热发电。

第二十六条　国家鼓励合理开发利用生物质能，因地制宜发展生物质发电、生物质能清洁供暖和生物液体燃料、生物天然气。

国家促进海洋能规模化开发利用，因地制宜发展地热能。

第二十七条 国家积极安全有序发展核电。

国务院能源主管部门会同国务院有关部门统筹协调全国核电发展和布局,依据职责加强对核电站规划、选址、设计、建造、运行等环节的管理和监督。

第二十八条 国家优化煤炭开发布局和产业结构,鼓励发展煤矿矿区循环经济,优化煤炭消费结构,促进煤炭清洁高效利用,发挥煤炭在能源供应体系中的基础保障和系统调节作用。

第二十九条 国家采取多种措施,加大石油、天然气资源勘探开发力度,增强石油、天然气国内供应保障能力。

石油、天然气开发坚持陆上与海上并重,鼓励规模化开发致密油气、页岩油、页岩气、煤层气等非常规油气资源。

国家优化石油加工转换产业布局和结构,鼓励采用先进、集约的加工转换方式。

国家支持合理开发利用可替代石油、天然气的新型燃料和工业原料。

第三十条 国家推动燃煤发电清洁高效发展,根据电力系统稳定运行和电力供应保障的需要,合理布局燃煤发电建设,提高燃煤发电的调节能力。

第三十一条 国家加快构建新型电力系统,加强电源电网协同建设,推进电网基础设施智能化改造和智能微电网建设,提高电网对可再生能源的接纳、配置和调控能力。

第三十二条 国家合理布局、积极有序开发建设抽水蓄能电站,推进新型储能高质量发展,发挥各类储能在电力系统中的调节作用。

第三十三条 国家积极有序推进氢能开发利用,促进氢能产业高质量发展。

第三十四条 国家推动提高能源利用效率,鼓励发展分布式能源和多能互补、多能联供综合能源服务,积极推广合同能源管理等市场化节约能源服务,提高终端能源消费清洁化、低碳化、高效化、智能化水平。

国家通过实施可再生能源绿色电力证书等制度建立绿色能源消费促进机制，鼓励能源用户优先使用可再生能源等清洁低碳能源。

公共机构应当优先采购、使用可再生能源等清洁低碳能源以及节约能源的产品和服务。

第三十五条 能源企业、能源用户应当按照国家有关规定配备、使用能源和碳排放计量器具。

能源用户应当按照安全使用规范和有关节约能源的规定合理使用能源，依法履行节约能源的义务，积极参与能源需求响应，扩大绿色能源消费，自觉践行绿色低碳的生产生活方式。

国家加强能源需求侧管理，通过完善阶梯价格、分时价格等制度，引导能源用户合理调整用能方式、时间、数量等，促进节约能源和提高能源利用效率。

第三十六条 承担电力、燃气、热力等能源供应的企业，应当依照法律、法规和国家有关规定，保障营业区域内的能源用户获得安全、持续、可靠的能源供应服务，没有法定或者约定事由不得拒绝或者中断能源供应服务，不得擅自提高价格、违法收取费用、减少供应数量或者限制购买数量。

前款规定的企业应当公示服务规范、收费标准和投诉渠道等，并为能源用户提供公共查询服务。

第三十七条 国家加强能源基础设施建设和保护。任何单位或者个人不得从事危及能源基础设施安全的活动。

国务院能源主管部门会同国务院有关部门协调跨省、自治区、直辖市的石油、天然气和电力输送管网等能源基础设施建设；省、自治区、直辖市人民政府应当按照能源规划，预留能源基础设施建设用地、用海，并纳入国土空间规划。

石油、天然气、电力等能源输送管网设施运营企业应当提高能源输送管网的运行安全水平，保障能源输送管网系统运行安全。接入能源输送管网的设施设备和产品应当符合管网系统安全运行的要求。

第三十八条 国家按照城乡融合、因地制宜、多能互补、综合利用、提升服务的原则，鼓励和扶持农村的能源发展，重点支持革命老区、民族地区、边疆地区、欠发达地区农村的能源发展，提高农村的能源供应能力和服务水平。

县级以上地方人民政府应当统筹城乡能源基础设施和公共服务体系建设，推动城乡能源基础设施互联互通。

农村地区发生临时性能源供应短缺时，有关地方人民政府应当采取措施，优先保障农村生活用能和农业生产用能。

第三十九条　从事能源开发利用活动，应当遵守有关生态环境保护、安全生产和职业病防治等法律、法规的规定，减少污染物和温室气体排放，防止对生态环境的破坏，预防、减少生产安全事故和职业病危害。

第四章　能源市场体系

第四十条　国家鼓励、引导各类经营主体依法投资能源开发利用、能源基础设施建设等，促进能源市场发展。

第四十一条 国家推动能源领域自然垄断环节独立运营和竞争性环节市场化改革，依法加强对能源领域自然垄断性业务的监管和调控，支持各类经营主体依法按照市场规则公平参与能源领域竞争性业务。

第四十二条 国务院能源主管部门会同国务院有关部门协调推动全国统一的煤炭、电力、石油、天然气等能源交易市场建设，推动建立功能完善、运营规范的市场交易机构或者交易平台，依法拓展交易方式和交易产品范围，完善交易机制和交易规则。

第四十三条 县级以上人民政府及其有关部门应当强化统筹调度组织，保障能源运输畅通。

能源输送管网设施运营企业应当完善公平接入和使用机制，按照规定公开能源输送管网设施接入和输送能力以及运行情况的信息，向符合条件的企业等经营主体公平、无歧视开放并提供能源输送服务。

第四十四条 国家鼓励能源领域上下游企业通过订立长期协议等方式，依法按照市场化方式加强合作、协同发展，提升能源市场风险应对能力。

国家协同推进能源资源勘探、设计施工、装备制造、项目融资、流通贸易、资讯服务等高质量发展，提升能源领域上下游全链条服务支撑能力。

第四十五条 国家推动建立与社会主义市场经济体制相适应，主要由能源资源状况、产品和服务成本、市场供求状况、可持续发展状况等因素决定的能源价格形成机制。

依法实行政府定价或者政府指导价的能源价格，定价权限和具体适用范围以中央和地方的定价目录为依据。制定、调整实行政府定价或者政府指导价的能源价格，应当遵守《中华人民共和国价格法》等法律、行政法规和国家有关规定。能源企业应当按照规定及时、真实、准确提供价格成本等相关数据。

国家完善能源价格调控制度，提升能源价格调控效能，构建防范和应对能源市场价格异常波动风险机制。

第四十六条 国家积极促进能源领域国际投资和贸易合作，有效防范和应对国际能源市场风险。

第五章 能源储备和应急

第四十七条 国家按照政府主导、社会共建、多元互补的原则，建立健全高效协同的能源储备体系，科学合理确定能源储备的种类、规模和方式，发挥能源储备的战略保障、宏观调控和应对急需等功能。

第四十八条 能源储备实行政府储备和企业储备相结合，实物储备和产能储备、矿产地储备相统筹。

政府储备包括中央政府储备和地方政府储备，企业储备包括企业社会责任储备和企业其他生产经营库存。

能源储备的收储、轮换、动用,依照法律、行政法规和国家有关规定执行。

国家完善政府储备市场调节机制,采取有效措施应对市场大幅波动等风险。

第四十九条 政府储备承储运营机构应当依照法律、行政法规和国家有关规定,建立健全内部管理制度,加强储备管理,确保政府储备安全。

企业社会责任储备按照企业所有、政策引导、监管有效的原则建立。承担社会责任储备的能源企业应当按照规定的种类、数量等落实储备责任,并接受政府有关部门的监督管理。

能源产能储备的具体办法,由国务院能源主管部门会同国务院财政部门和其他有关部门制定。

能源矿产地储备的具体办法,由国务院自然资源主管部门会同国务院能源主管部门、国务院财政部门和其他有关部门制定。

第五十条 国家完善能源储备监管体制,加快能源储备设施建设,提高能源储备运营主体专业化水平，加强能源储备信息化建设，持续提升能源储备综合效能。

第五十一条 国家建立和完善能源预测预警体系，提高能源预测预警能力和水平，及时有效对能源供求变化、能源价格波动以及能源安全风险状况等进行预测预警。

能源预测预警信息由国务院能源主管部门发布。

第五十二条 国家建立统一领导、分级负责、协调联动的能源应急管理体制。

县级以上人民政府应当采取有效措施，加强能源应急体系建设，定期开展能源应急演练和培训，提高能源应急能力。

第五十三条 国务院能源主管部门会同国务院有关部门拟定全国的能源应急预案，报国务院批准后实施。

国务院能源主管部门会同国务院有关部门加强对跨省、自治区、直辖市能源应急工作的指导协调。

省、自治区、直辖市人民政府根据本行政区域的实际情况,制定本行政区域的能源应急预案。

设区的市级人民政府、县级人民政府能源应急预案的制定,由省、自治区、直辖市人民政府决定。

规模较大的能源企业和用能单位应当按照国家规定编制本单位能源应急预案。

第五十四条 出现能源供应严重短缺、供应中断等能源应急状态时,有关人民政府应当按照权限及时启动应急响应,根据实际情况和需要,可以依法采取下列应急处置措施:

(一)发布能源供求等相关信息;

(二)实施能源生产、运输、供应紧急调度或者直接组织能源生产、运输、供应;

(三)征用相关能源产品、能源储备设施、运输工具以及保障能源供应的其他物资;

(四)实施价格干预措施和价格紧急措施;

(五)按照规定组织投放能源储备;

(六)按照能源供应保障顺序组织实施能源供应;

(七)其他必要措施。

能源应急状态消除后,有关人民政府应当及时终止实施应急处置措施。

第五十五条 出现本法第五十四条规定的能源应急状态时,能源企业、能源用户以及其他有关单位和个人应当服从有关人民政府的统一指挥和安排,按照规定承担相应的能源应急义务,配合采取应急处置措施,协助维护能源市场秩序。

因执行能源应急处置措施给有关单位、个人造成损失的,有关人民政府应当依法予以补偿。

第六章 能源科技创新

第五十六条 国家制定鼓励和支持能源科技创新的政策措施,推动建立以国家战略科技力量为引领、企业为主体、市场为导向、产学研深度融合的能源科技创新体系。

第五十七条 国家鼓励和支持能源资源勘探开发、化石能源清洁高效利用、可再生能源开发利用、核能安全利用、氢能开发利用以及储能、节约能源等领域基础性、关键性和前沿性重大技术、装备及相关新材料的研究、开发、示范、推广应用和产业化发展。

能源科技创新应当纳入国家科技发展和高技术产业发展相关规划的重点支持领域。

第五十八条 国家制定和完善产业、金融、政府采购等政策，鼓励、引导社会资金投入能源科技创新。

第五十九条 国家建立重大能源科技创新平台，支持重大能源科技基础设施和能源技术研发、试验、检测、认证等公共服务平台建设，提高能源科技创新能力和服务能力。

第六十条 国家支持依托重大能源工程集中开展科技攻关和集成应用示范，推动产学研以及能源上下游产业链、供应链协同创新。

第六十一条 国家支持先进信息技术在能源领域的应用，推动能源生产和供应的数字化、智能化发展，以及多种能源协同转换与集成互补。

第六十二条　国家加大能源科技专业人才培养力度，鼓励、支持教育机构、科研机构与企业合作培养能源科技高素质专业人才。

第七章　监督管理

第六十三条　县级以上人民政府能源主管部门和其他有关部门应当按照职责分工，加强对有关能源工作的监督检查，及时查处违法行为。

第六十四条　县级以上人民政府能源主管部门和其他有关部门按照职责分工依法履行监督检查职责，可以采取下列措施：

（一）进入能源企业、调度机构、能源市场交易机构、能源用户等单位实施现场检查；

（二）询问与检查事项有关的人员，要求其对有关事项作出说明；

（三）查阅、复制与检查事项有关的文件、资料、电子数据；

（四）法律、法规规定的其他措施。

对能源主管部门和其他有关部门依法实施的监督检查，被检查单位及其有关人员应当予以配合，不得拒绝、阻碍。

能源主管部门和其他有关部门及其工作人员对监督检查过程中知悉的国家秘密、商业秘密、个人隐私和个人信息依法负有保密义务。

第六十五条 县级以上人民政府能源主管部门和其他有关部门应当加强能源监管协同，提升监管效能，并可以根据工作需要建立能源监管信息系统。

有关单位应当按照规定向能源主管部门和其他有关部门报送相关信息。

第六十六条 国务院能源主管部门会同国务院有关部门加强能源行业信用体系建设，按照国家有关规定建立信用记录制度。

第六十七条 因能源输送管网设施的接入、使用发生的争议，可以由省级以上人民政府能源主管部门进行协调，协调不成的，当事人可以向人民法院提起诉讼；当事人也可以直接向人民法院提起诉讼。

第六十八条 任何单位和个人对违反本法和其他有关能源的法律、法规的行为，有权向县级以上人民政府能源主管部门或者其他有关部门举报。接到举报的部门应当及时依法处理。

第八章 法律责任

第六十九条 县级以上人民政府能源主管部门或者其他有关部门的工作人员违反本法规定，滥用职权、玩忽职守、徇私舞弊的，依法给予处分。

第七十条 违反本法规定，承担电力、燃气、热力等能源供应的企业没有法定或者约定事由拒绝或者中断对营业区域内能源用户的能源供应服务，或者擅自提高价格、违法收取费用、减少供应数量、限制购买数量的，由县级以上人民政府能源主管部门或者其他有关部门按照职责分工责令改正，依法给予行政处罚；情节严重的，对有关主管人员和直接责任人员依法给予处分。

第七十一条 违反本法规定，能源输送管网设施运营企业未向符合条件的企业等经营主体公平、无歧视开放并提供能源输送服务的，由省级以上人民政府能源主管部门或者其他有关部门按照职责分工责令改正，给予警告或者通报批评；拒不改正的，处相关经营主体经济损失额二倍以下的罚款；情节严重的，对有关主管人员和直接责任人员依法给予处分。

第七十二条 违反本法规定，有下列情形之一的，由县级以上人民政府能源主管部门或者其他有关部门按照职责分工责令改正，给予警告或者通报批评；拒不改正的，处十万元以上二十万元以下的罚款：

（一）承担电力、燃气、热力等能源供应的企业未公示服务规范、收费标准和投诉渠道等，或者未为能源用户提供公共查询服务；

（二）能源输送管网设施运营企业未按照规定公开能源输送管网设施接入和输送能力以及运行情况信息；

（三）能源企业未按照规定提供价格成本等相关数据；

（四）有关单位未按照规定向能源主管部门或者其他有关部门报送相关信息。

第七十三条　违反本法规定，能源企业、能源用户以及其他有关单位或者个人在能源应急状态时不服从有关人民政府的统一指挥和安排、未按照规定承担能源应急义务或者不配合采取应急处置措施的，由县级以上人民政府能源主管部门或者其他有关部门按照职责分工责令改正，给予警告或者通报批评；拒不改正的，对个人处一万元以上五万元以下的罚款，对单位处十万元以上五十万元以下的罚款，并可以根据情节轻重责令停业整顿或者依法吊销相关许可证件。

第七十四条　违反本法规定，造成财产损失或者其他损害的，依法承担民事责任；构成违反治安管理行为的，依法给予治安管理处罚；构成犯罪的，依法追究刑事责任。

第九章　附　　则

第七十五条　本法中下列用语的含义：

（一）化石能源，是指由远古动植物化石经地质作用演变成的能源，包括煤炭、石油和天然气等。

（二）可再生能源，是指能够在较短时间内通过自然过程不断补充和再生的能源，包括水能、风能、太阳能、生物质能、地热能、海洋能等。

（三）非化石能源，是指不依赖化石燃料而获得的能源，包括可再生能源和核能。

（四）生物质能，是指利用自然界的植物和城乡有机废物通过生物、化学或者物理过程转化成的能源。

（五）氢能，是指氢作为能量载体进行化学反应释放出的能源。

第七十六条　军队的能源开发利用管理，按照国家和军队有关规定执行。

国家对核能开发利用另有规定的，适用其规定。

第七十七条　中华人民共和国缔结或者参加的涉及能源的国际条约与本法有不同规定的，适用国际条约的规定，但中华人民共和国声明保留的条款除外。

第七十八条　任何国家或者地区在可再生能源产业或者其他能源领域对中华人民共和国采取歧视性的禁止、限制或者其他类似措施的，中华人民共和国可以根据实际情况对该国家或者该地区采取相应的措施。

第七十九条　中华人民共和国境外的组织和个人实施危害中华人民共和国国家能源安全行为的，依法追究法律责任。

第八十条　本法自2025年1月1日起施行。

图书在版编目（CIP）数据

中华人民共和国矿产资源法　中华人民共和国能源法：大字本／中国法治出版社编. -- 北京 ： 中国法治出版社，2024.11. -- ISBN 978-7-5216-4792-1

Ⅰ.D922.6

中国国家版本馆 CIP 数据核字第 2024L6D746 号

中华人民共和国矿产资源法　中华人民共和国能源法：大字本
ZHONGHUA RENMIN GONGHEGUO KUANGCHAN ZIYUANFA　ZHONGHUA RENMIN GONGHEGUO NENGYUANFA：DAZIBEN

经销/新华书店
印刷/鸿博睿特（天津）印刷科技有限公司
开本/880 毫米×1230 毫米　32 开　　　　　　印张/2.25　字数/24 千
版次/2024 年 11 月第 1 版　　　　　　　　　2024 年 11 月第 1 次印刷

中国法治出版社出版
书号 ISBN 978-7-5216-4792-1　　　　　　　定价：10.00 元
北京市西城区西便门西里甲 16 号西便门办公区
邮政编码：100053　　　　　　　　　传真：010-63141600
网址：http：//www.zgfzs.com　　　　编辑部电话：010-63141799
市场营销部电话：010-63141612　　　印务部电话：010-63141606

（如有印装质量问题，请与本社印务部联系。）